Impressum
Verlag: BABADADA GmbH, Nedderfeld 112 , 22529 Hamburg
Geschäftsführer / Verlagsleitung: Harald Hof
Druck: Books on Demand GmbH, In de Tarpen 42, 22848 Norderstedt

Imprint
Publisher: BABADADA GmbH, Nedderfeld 112 , 22529 Hamburg, Germany
Managing Director / Publishing direction: Harald Hof
Print: Books on Demand GmbH, In de Tarpen 42, 22848 Norderstedt

skola

escola

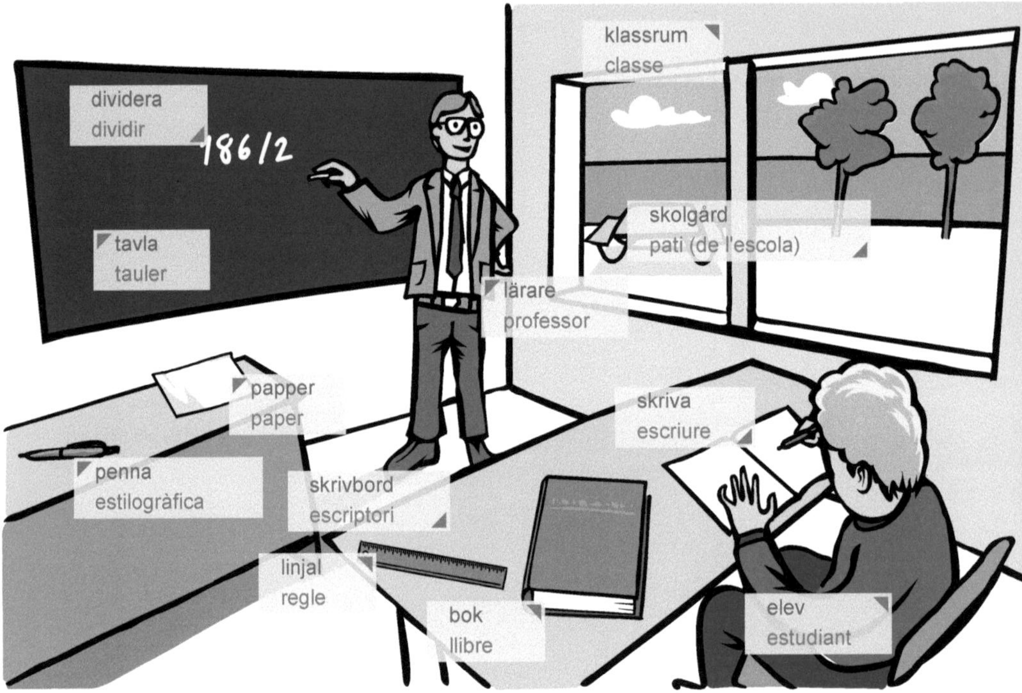
klassrum
classe
dividera
dividir
186/2
tavla
tauler
skolgård
pati (de l'escola)
lärare
professor
papper
paper
skriva
escriure
penna
estilogràfica
skrivbord
escriptori
linjal
regle
bok
llibre
elev
estudiant

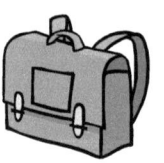

skolväska

bossa

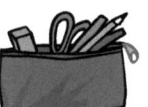

pennfodral

estoig

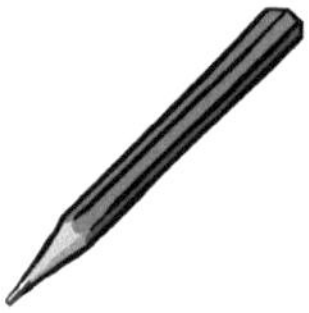

blyertspenna

llapis

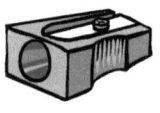

pennvässare

maquineta de fer punta

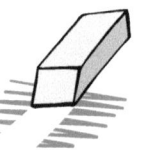

suddgummi

goma

ritblock

bloc de dibuix

teckning
dibuix

pensel
pinzell

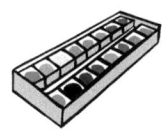

målarlåda
capsa de pintures

sax
tisores

lim
cola

övningsbok
quadern d'exercicis

hemläxa
deures

12

tal
nombre

2+2

addera
afegir

5-2

subtrahera
sostreure

2×2

multiplicera
multiplicar

räkna
calcular

A

bokstav
lletra

**ABCDEFG
HIJKLMN
OPQRSTU
VWXYZ**

alfabet
alfabet

hello

ord
mot

text

text

läsa

llegir

krita

guix

lektion

lliçó

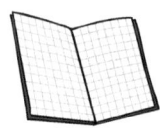

register

llibre de classe

prov

examen

intyg

certificat

skoluniform

uniforme escolar

utbildning

formació

uppslagsverk

enciclopèdia

universitet

universitat

mikroskop

microscopi

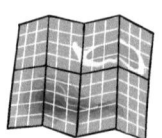

karta

mapa

papperskorg

paperera

resa
viatge

hotell
hotel
Grand
vandrarhem
alberg
ROOMS
växelkontor
oficina de canvi
EXCHANGE
resväska
maleta
bil
automòbil

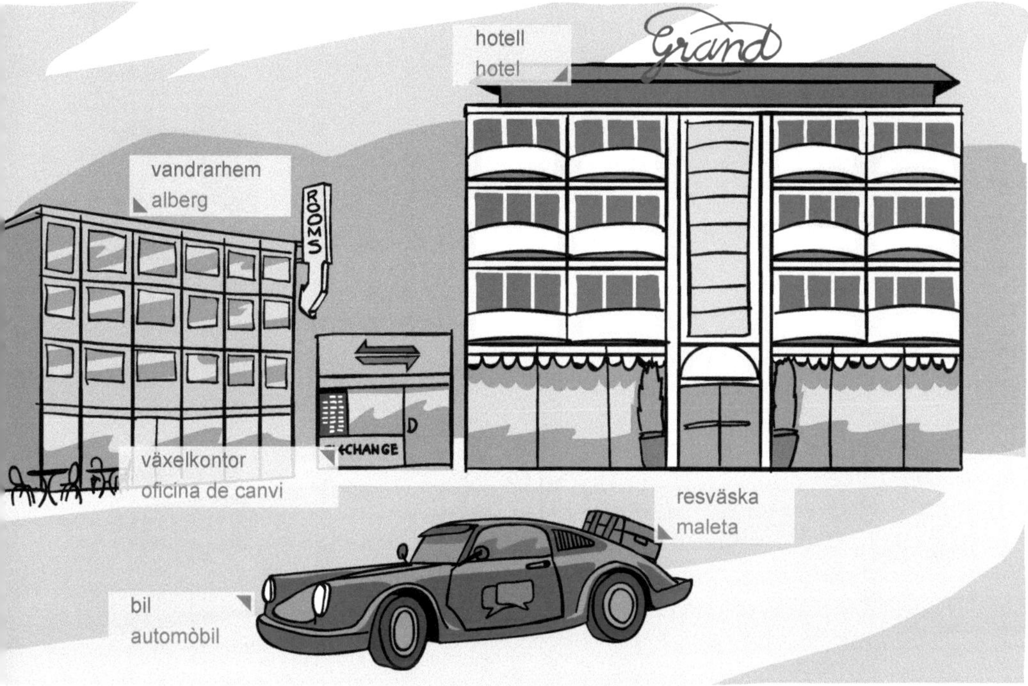

språk

llengua

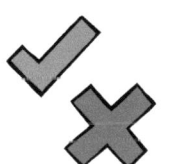

ja / nej

sí / no

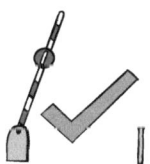

Okay

D'acord

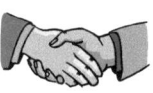

hej

Ey!

översättare

traductora

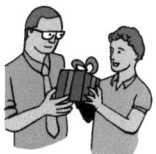

Tack

gràcies

hur mycket kostar...?

Quant costa... ?

jag förstår inte

No entenc

problem

problema

God kväll!

Bona nit!

God morgon!

bon dia!

God natt!

bona nit!

hejdå

fins aviat

riktning

direcció

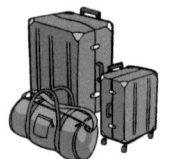

bagage

bagatge

väska

bossa

ryggsäck

sarrona

gäst

convidat

rum

cambra

sovsäck

sac de dormir

tält

tenda

turistinformation

oficina de turisme

strand

platja

kreditkort

carta de crèdit

frukost

esmorzar

lunch

dinar

middag

sopar

biljett

bitllet

hiss

ascensor

frimärke

segell

gräns

frontera

tull

duana

ambassad

ambaixada

visum

visat

pass

passaport

transport
transport

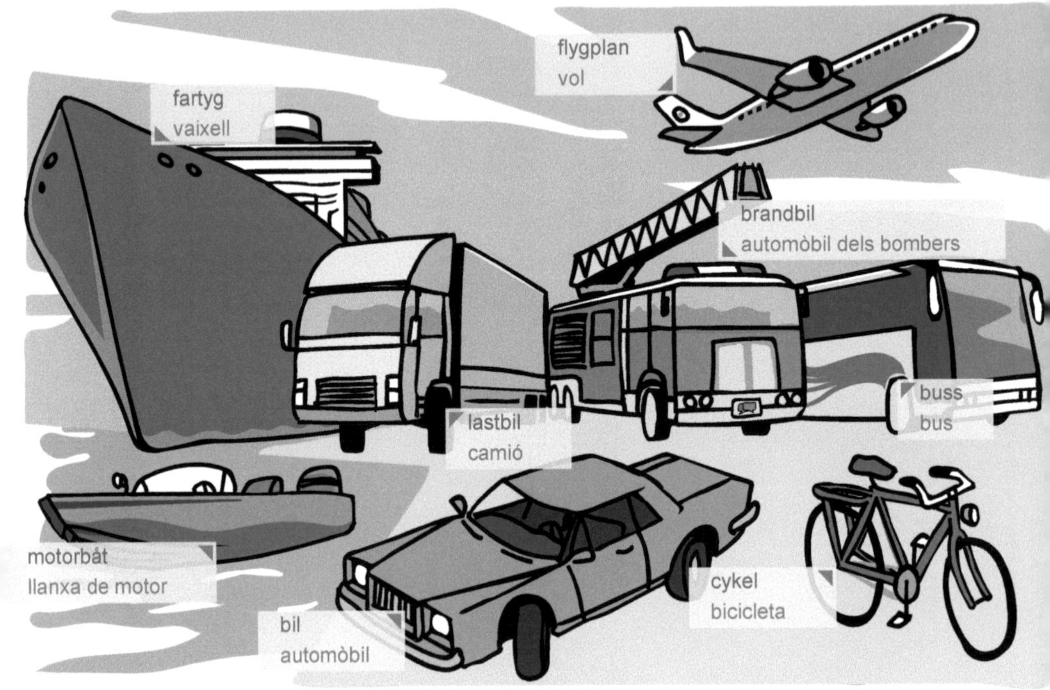

flygplan
vol
fartyg
vaixell
brandbil
automòbil dels bombers
buss
bus
lastbil
camió
motorbåt
llanxa de motor
cykel
bicicleta
bil
automòbil

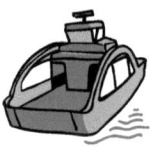

färja

transbordador

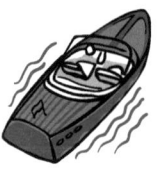

båt

barca

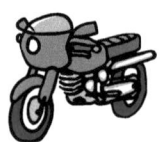

motorcykel

moto

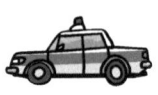

polisbil

automòbil de policia

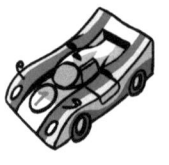

racerbil

automòbil de curses

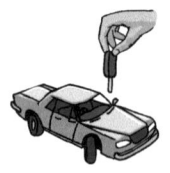

hyrbil

automòbil de lloguer

bilpool

vehicle compartit

bärgningsbil

grua

sopbil

camió de les escombraries

motor

motor

bränsle

benzina

bensinstation

benzineria

vägmärke

senyal de trànsit

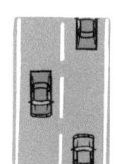

trafik

trànsit

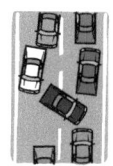

bilkö

embús

parkeringsplats

aparcament

tågstation

estació de trens

räls

vies

tåg

tren

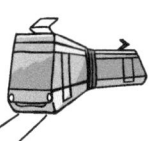

spårvagn

tramvia

vagn

vagó

helikopter

helicòpter

flygplats

aeroport

torn

torre

passagerare

passatger

container

contenidor

kartong

capsa de cartó

vagn

carretó

korg

cistella

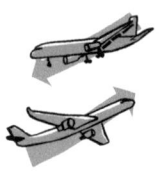

starta / landa

enlairar-se / aterrar

stad

ciutat

by

poble

centrum

centre de la ciutat

hus

casa

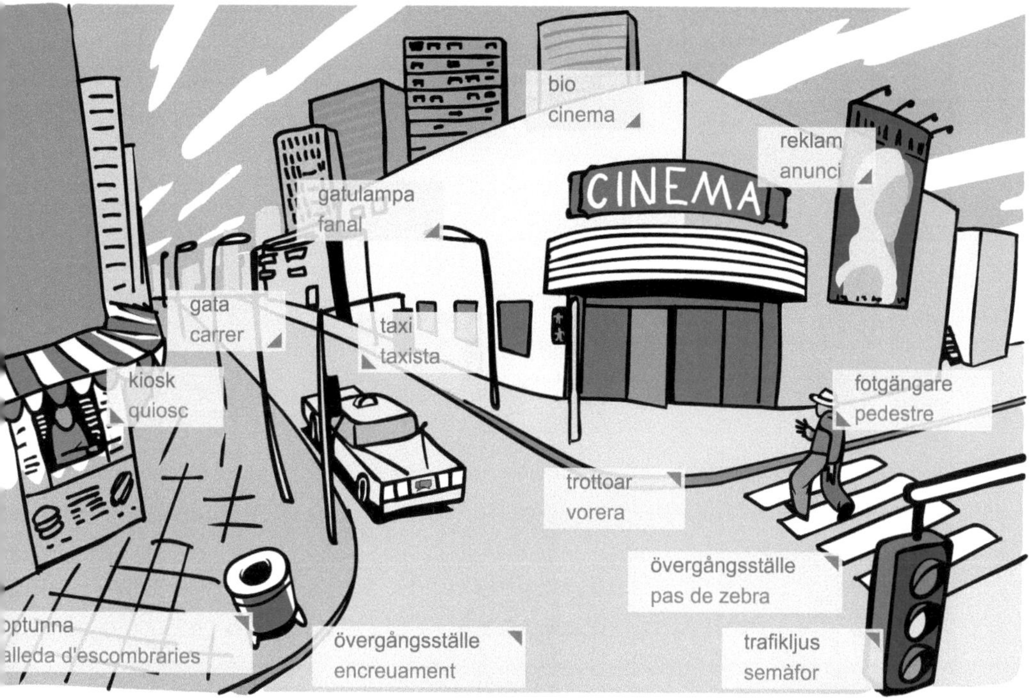

bio
cinema

reklam
anunci

gatulampa
fanal

CINEMA

gata
carrer

taxi
taxista

fotgängare
pedestre

kiosk
quiosc

trottoar
vorera

övergångsställe
pas de zebra

sptunna
alleda d'escombraries

övergångsställe
encreuament

trafikljus
semàfor

stuga
cabana

lägenhet
apartament

tågstation
estació de trens

stadshus
casa de la vila-ciutat

museum
museu

skola
escola

universitet
universitat

bank
banca

sjukhus
hospital

hotell
hotel

apotek
farmàcia

kontor
oficina

bokhandel
llibreria

affär
botiga

blomsterbutik
floristeria

stormarknad
supermercat

marknad
mercat

varuhus
gran magatzem

fiskhandlare
peixateria

köpcentrum
centre comercial

hamn
port

park
parc

bänk
banc

brygga
pont

trappa
escala

tunnelbana
metro

tunnel
túnel

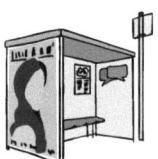

busshållplats
parada d'autobús

bar
bar

restaurang
restaurant

brevlåda
bústia de correu

gatuskylt
senyal indicador

parkeringsautomat
parquímetre

zoo
zoo

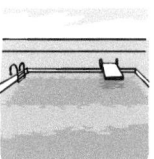

simbassäng
piscina

moské
mesquita

bondgård
granja

förorening
pol·lució

kyrkogård
cementiri

kyrka
església

lekplats
parc infantil

tempel
temple

landskap
paisatge

löv
fulla

vägskylt
cartell indicador

väg
camí

äng
prat

sten
pedra

träd
arbre

liftare
excursionista

flod
riu

gräs
gespa

blomma
flor

dal
vall

kulle
muntanya

sjö
llac

skog
bosc

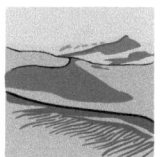

öken
desert

vulkan
volcà

slott
castell

regnbåge
arc de Sant Martí

svamp
bolet

palm
palmera

mygga
moscard

fluga
mosca

myra
formiga

bi
abella

spindel
aranya

skalbagge

escarabat

groda

granota

ekorre

esquirol

igelkott

eriçó

hare

llebre

uggla

òliba

fågel

ocell

svan

cigne

vildsvin

senglar

rådjur

cervo

älg

ant

damm

presa

vindkraftverk

turbina

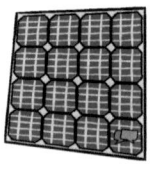

solcellspanel

panell solar

klimat

clima

restaurang
restaurant

servitör
cambrer
meny
menú
stol
cadira
soppa
sopa
pizza
pizza
bordsduk
tovalla
bestick
coberts

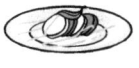

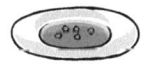

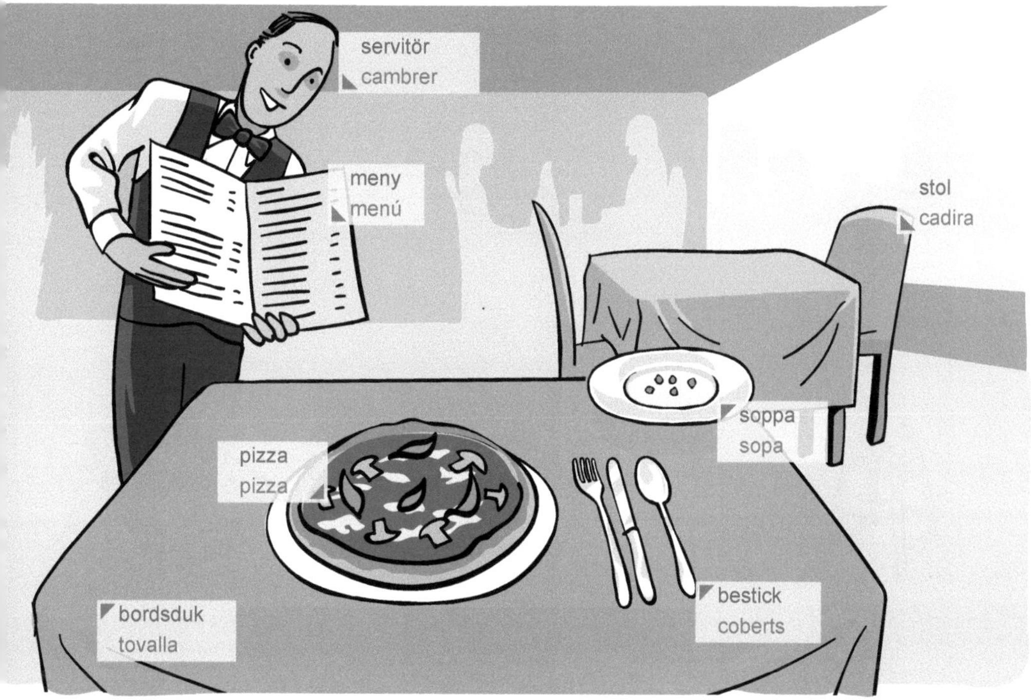

förrätt

primer plat

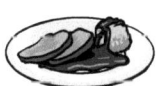

huvudrätt

plat principal

dessert

darreries

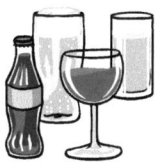

drycker

begudes

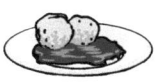

mat

menjar

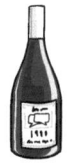

flaska

ampolla

snabbmat

menjar ràpid

street food

menjar de carrer

tekanna

tetera

sockerskål

sucrer

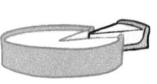

portion

porció

espressomaskin

màquina d'espresso

barnstol

trona

räkning

factura

bricka

plata

kniv

ganivet

gaffel

forqueta

sked

cullera

tesked

cullereta

servett

tovalló

glas

got

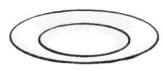

tallrik
plat

sopptallrik
plat de sopa

tefat
plateret

sås
salsa

saltkar
saler

pepparkvarn
molinet de pebre

vinäger
vinagre

olja
oli

kryddor
espècies

ketchup
quètxup

senap
mostassa

majonnäs
maionesa

stormarknad
supermercat

specialerbjudande
oferta especial
FOR
kund
client
mejeriprodukter
productes lactis
frukt
fruites
varukorg
carret de la compra

BUTCHERS

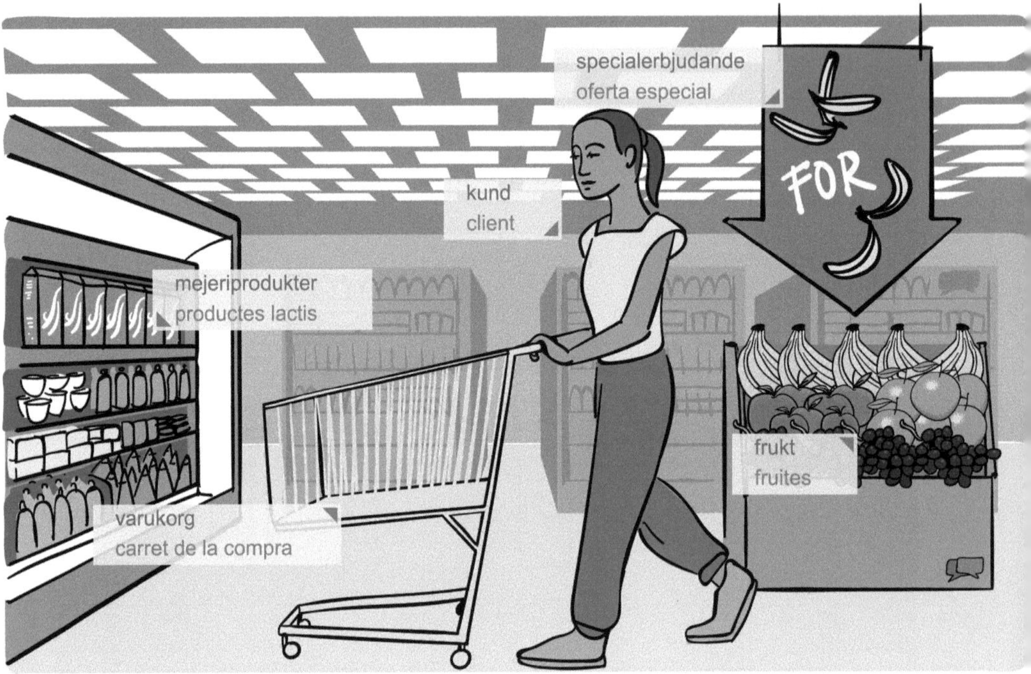

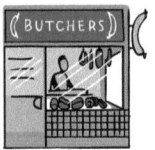

charkuteri

carnisseria

BAKERY

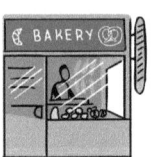

bageri

forn de pa

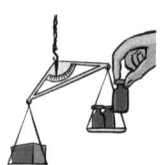

väga

pesar

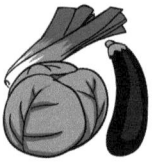

grönsaker

verdures

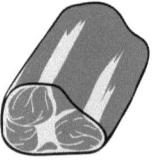

kött

carn

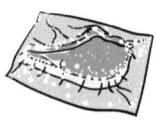

frysta livsmedel

menjar congelat

pålägg
carn freda

konserver
conserves

tvättmedel
detergent en pols

godis
dolços

hushållsprodukter
articles domèstics

rengöringsmedel
productes de neteja

försäljare
venedora

kassa
caixa registradora

kassör
caixera

inköpslista
llista de la compra

öppettider
horari d'obertura

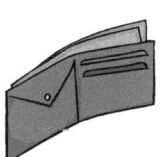

plånbok
portamonedes

kreditkort
carta de crèdit

väska
bossa

plastpåse
bossa de plàstic

drycker
begudes

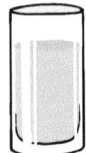

vatten

aigua

juice

suc

mjölk

llet

cola

coca-cola

vin

vi

öl

cervesa

alkohol

alcohol

kakao

cacau

te

te

kaffe

cafè

espresso

espresso

cappuccino

cappuccino

banan
banana

äpple
poma

apelsin
taronja

melon
síndria

citron
llimona

morot
pastanaga

vitlök
all

bambu
bambú

lök
ceba

svamp
bolet

nötter
avellanes

nudlar
fideus

spaghetti

espaguetis

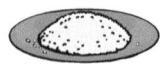

ris

arròs

sallad

amanida

pommes frites

patates fregides

stekt potatis

patates fregides

pizza

pizza

hamburgare

hamburguesa

smörgås

entrepà

schnitzel

escalopa

skinka

cuixot

salami

salami

korv

salsitxa

kyckling

pollastre

stek

rostit

fisk

peix

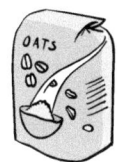

havregryn

flocs de civada

müsli

musli

cornflakes

cereals

mjöl

farina

croissant

croissant

fralla

panet

bröd

pa

rostat bröd

torrada

kex

bescuits

smör

mantega

kvarg

mató

kaka

pastís

ägg

ou

stekt ägg

ou fregit

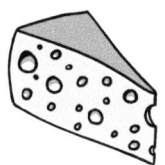

ost

formatge

glass

gelat

socker

sucre

honung

mel

sylt

melmelada

nougatkräm

crema de xocolata

curry

curri

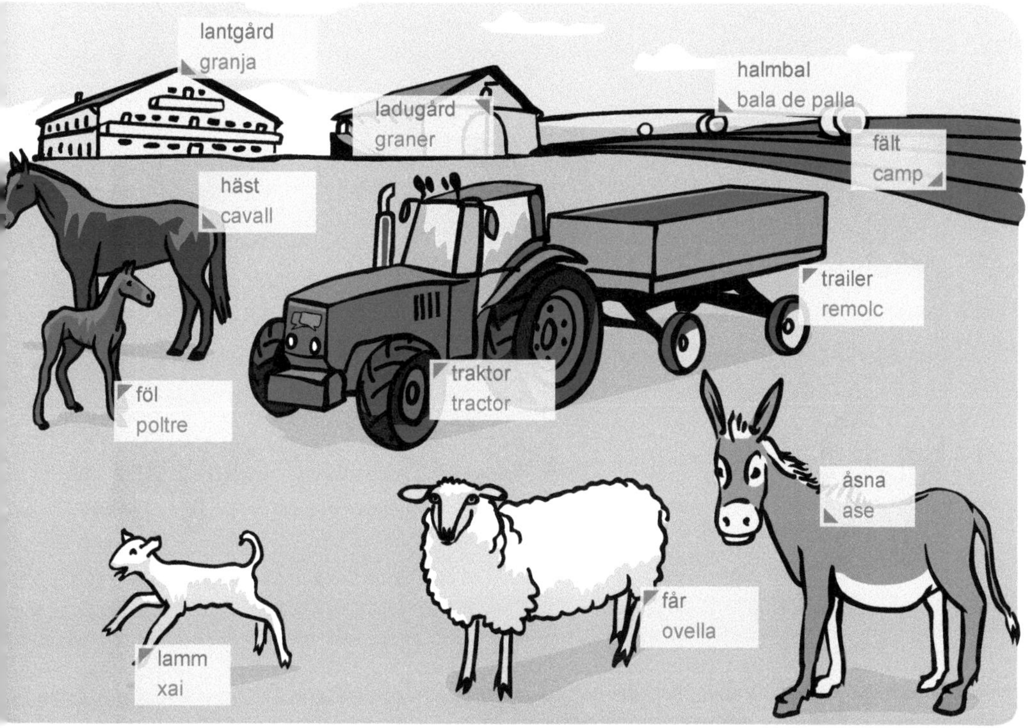

lantgård
granja

ladugård
graner

halmbal
bala de palla

fält
camp

häst
cavall

trailer
remolc

föl
poltre

traktor
tractor

åsna
ase

lamm
xai

får
ovella

get	ko	kalv
cabra	vaca	vedella

gris	griskulting	tjur
porc	garrí	bou

gås

oca

anka

ànec

kyckling

poll

höna

gall

tupp

gallina

råtta

rata

katt

gat

mus

ratolí

oxe

bou

hund

gos

hundkoja

gossera

trädgårdsslang

mànega de regar

vattenkanna

regadora

lie

dalla

plog

arada

skära
falç

hacka
aixada

högaffel
forca

yxa
destral

skottkärra
carretó

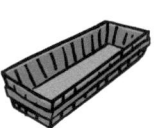

tråg
abeurador

mjölkflaska
lletera

säck
sac

staket
tanca

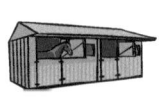

stall
establa

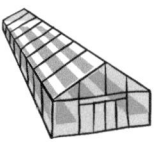

växthus
hivernacle

jord
sòl

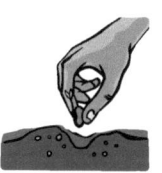

säd
llavor

gödsel
adob

skördetröska
collidora

skörda
collir

skörd
collita

jams
nyam

vete
blat

soja
soja

potatis
patata

majs
blat de moro o d'indi

raps
colza

fruktträd
arbre fruiter

maniok
mandioca

spannmål
cereals

hus
casa

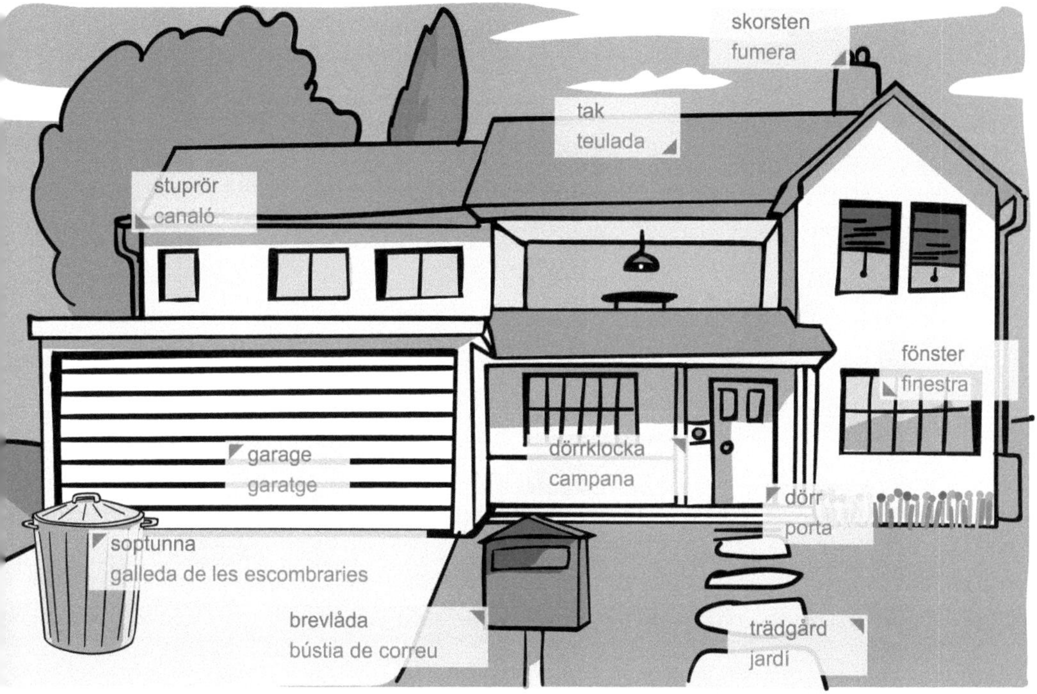
skorsten
fumera
tak
teulada
stuprör
canaló
fönster
finestra
dörrklocka
campana
garage
garatge
dörr
porta
soptunna
galleda de les escombraries
brevlåda
bústia de correu
trädgård
jardí

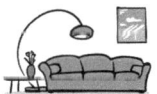

vardagsrum

sala d'estar

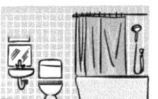

badrum

bany

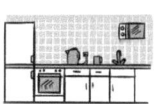

kök

cuina

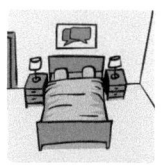

sovrum

cambra de dormir

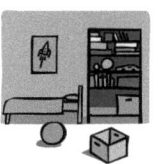

barnrum

cambra de nen

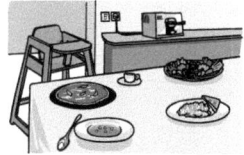

matsal

menjador

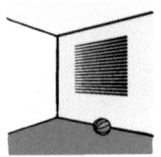

golv

sòl

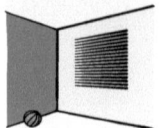

vägg

paret

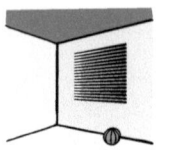

tak

sostre

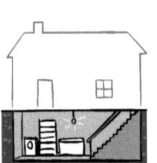

källare

soterrani

bastu

sauna

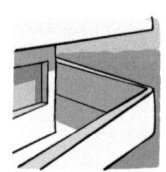

balkong

balcó

terrass

terrassa

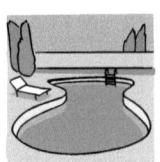

bassäng

piscina

gräsklippare

tallagespa

lakan

vànova

överkast

cobrellit

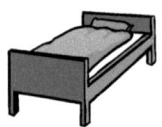

säng

llit

kvast

escombra

hink

galleda

strömbrytare

interruptor

vardagsrum
sala d'estar

tapet
paper de paret
bild
quadre
lampa
làmpada
hylla
prestatge
skåp
armari
TV
televisor
eldstad
escalfapanxes
blomma
flor
kudde
coixí
soffa
sofà
vas
gerro
fjärrkontroll
telecomanda

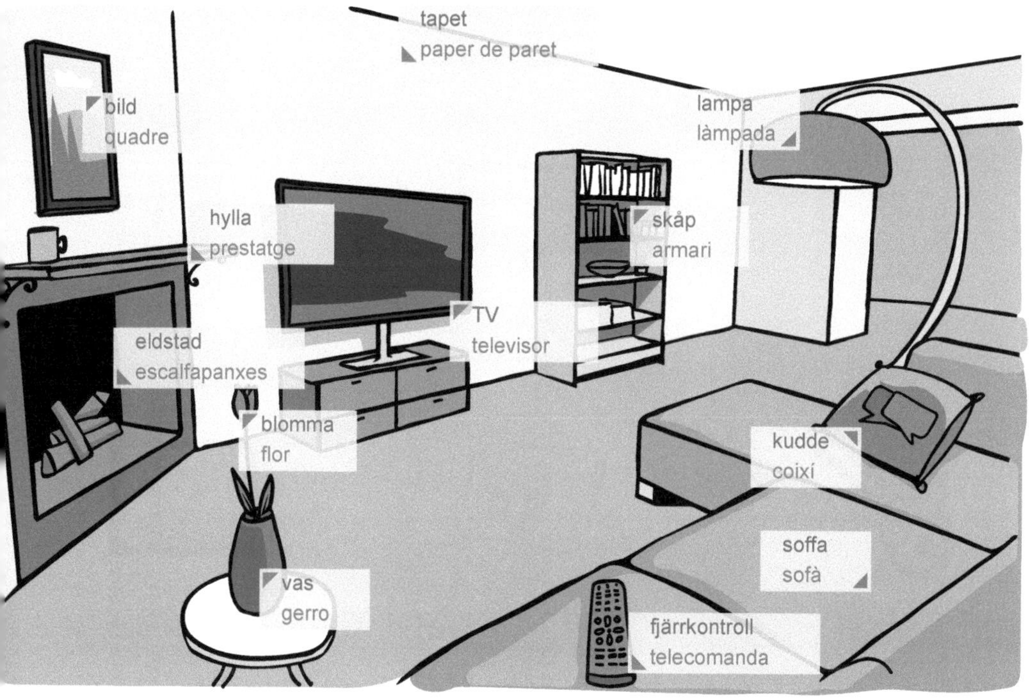

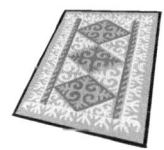

matta
catifa

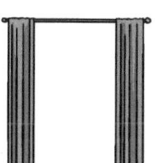

gardin
cortina

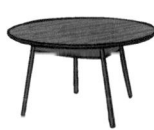

bord
taula

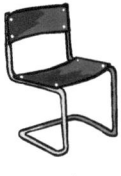

stol
cadira

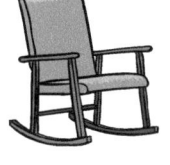

gungstol
cadira gronxadora

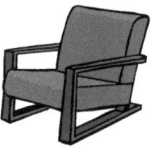

fåtölj
cadiral

bok

llibre

filt

llençol

dekoration

decoració

vedträ

llenya

film

film

stereoanläggning

cadena de música

nyckel

clau

dagstidning

diari

målning

pintura

poster

cartell

radio

ràdio

anteckningsbok

bloc de notes

dammsugare

aspiradora

kaktus

cactus

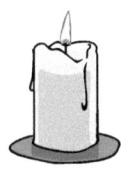

stearinljus

candela

kök
cuina

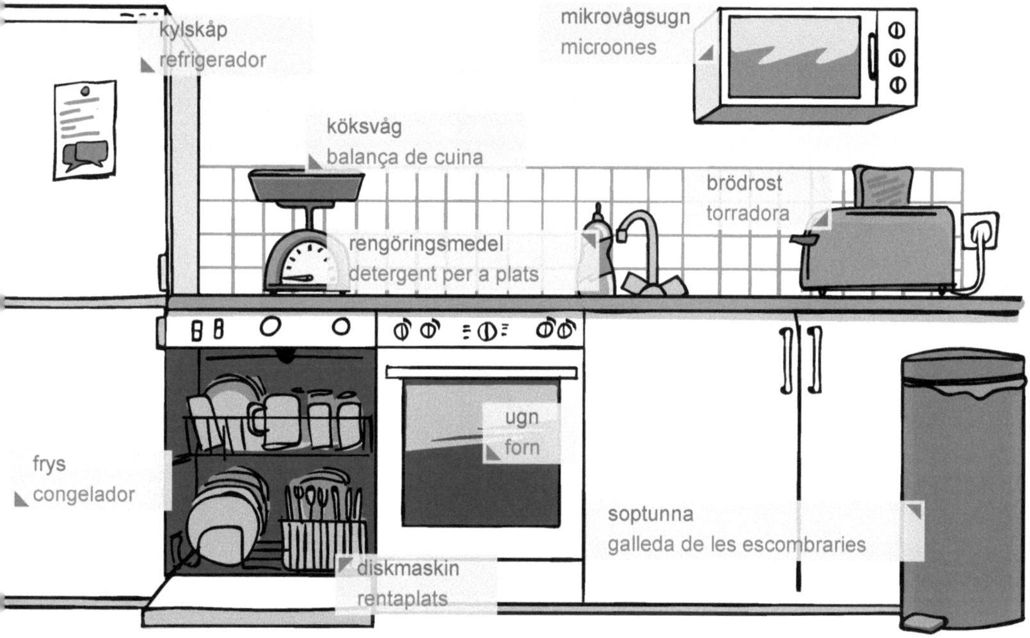
kylskåp
refrigerador
mikrovågsugn
microones
köksvåg
balança de cuina
brödrost
torradora
rengöringsmedel
detergent per a plats
ugn
forn
frys
congelador
soptunna
galleda de les escombraries
diskmaskin
rentaplats

spis
cuina de fogons

kastrull
olla

järngryta
olla de ferro colat

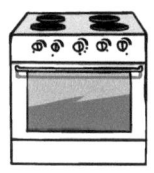

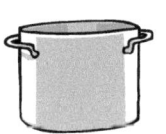

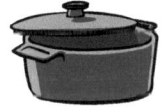

wok / kadai
wok / karahi

stekpanna
paella

vattenkokare
bullidor

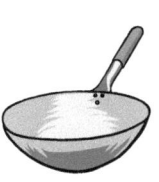

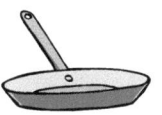

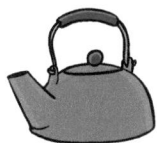

ångkokare

olla de vapor

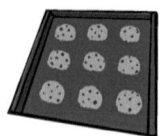

bakplåt

plata de forn

porslin

vaixella

mugg

tassa grossa

skål

bol

ätpinnar

bastonets xinesos

soppslev

culler

stekspade

espàtula

visp

batedor

durkslag

colador

sil

sedàs

rivjärn

ratllador

mortel

morter

grill

barbacoa

brasa

foc a terra

skärbräda

taula de tallar

kavel

corró

korkskruv

llevataps

burk

pot de conserva

burköppnare

obridor

grytlapp

agafador

vask

aigüera

borste

raspall

svamp

esponja

mixer

batedora

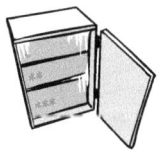

frys

congelador

nappflaska

biberó

kran

aixeta

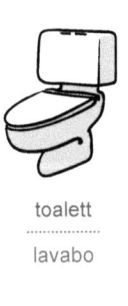

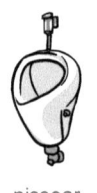

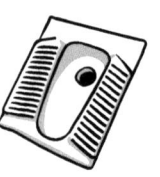

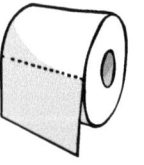

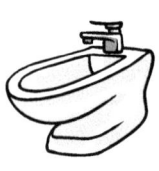

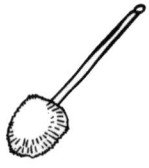

badrum
bany

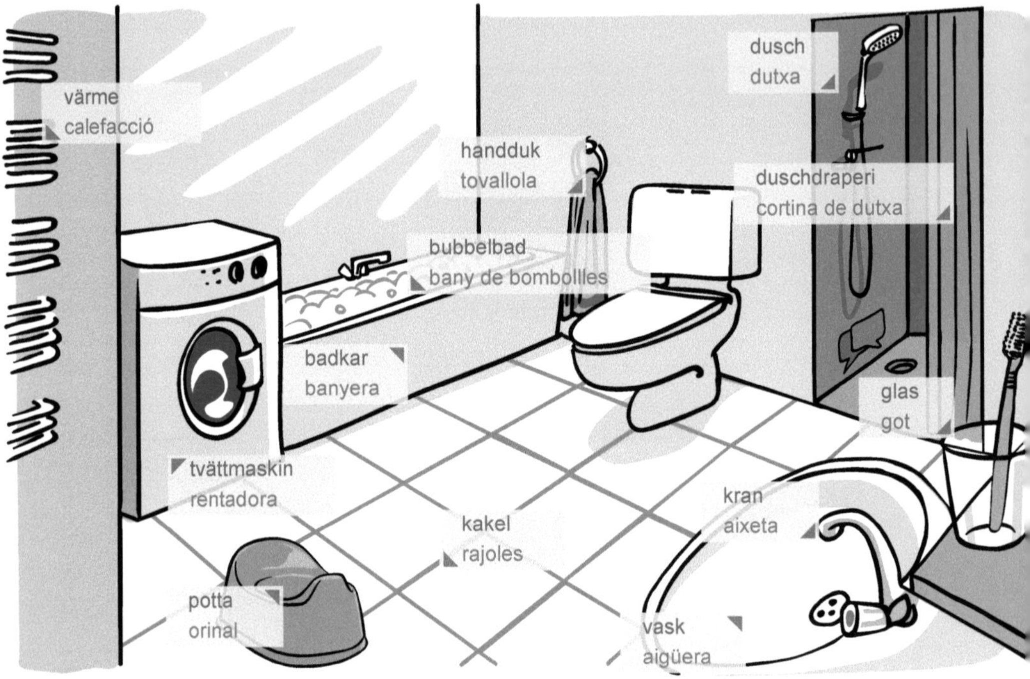

värme
calefacció
handduk
tovallola
dusch
dutxa
duschdraperi
cortina de dutxa
bubbelbad
bany de bombolles
badkar
banyera
glas
got
tvättmaskin
rentadora
kran
aixeta
kakel
rajoles
potta
orinal
vask
aigüera

toalett

lavabo

låg toalett

lavabo turc

bidet

bidet

pissoar

orinador

toalettpapper

paper higiènic

toalettborste

escombreta de sanitari

tandborste

raspall de dents

tandkräm

pasta de dents

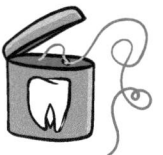

tandtråd

fil dental

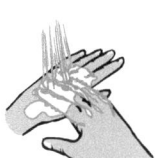

tvätta

rentar

handdusch

pom de dutxa

intimdusch

dutxa íntima

handfat

rentamans

ryggborste

raspall per a l'esquena

tvål

sabó

duschgel

gel de dutxa

schampo

xampú

trasa

manyopla de bany

avlopp

bonera

crème

crema

deodorant

desodorant

spegel

mirall

handspegel

mirall-espill de mà

rakhyvel

maquineta de rasar

raklödder

espuma de barbejar

rakvatten

loció post-rasada

kam

pinta

borste

raspall

hårtork

eixugador

hårspray

laca

smink

maquillatge

läppstift

pintallavis

nagellack

esmalt d'ungles

bomullsvadd

cotó

nagelsax

tallaungles

parfym

perfum

necessär

estoig de bellesa

pall

tamboret

våg

bàscula

badrock

barnús

gummihandskar

guants de goma

tampong

compresa higiènica

binda

compresa

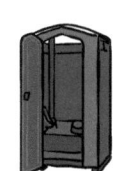

kemisk toalett

sanitari químic

barnrum
cambra de nen

väckarklocka
despertador
gosedjur
animal de peluix
leksaksbil
auto de joguina
skallra
sonall
dockhus
casa de nines
present
present

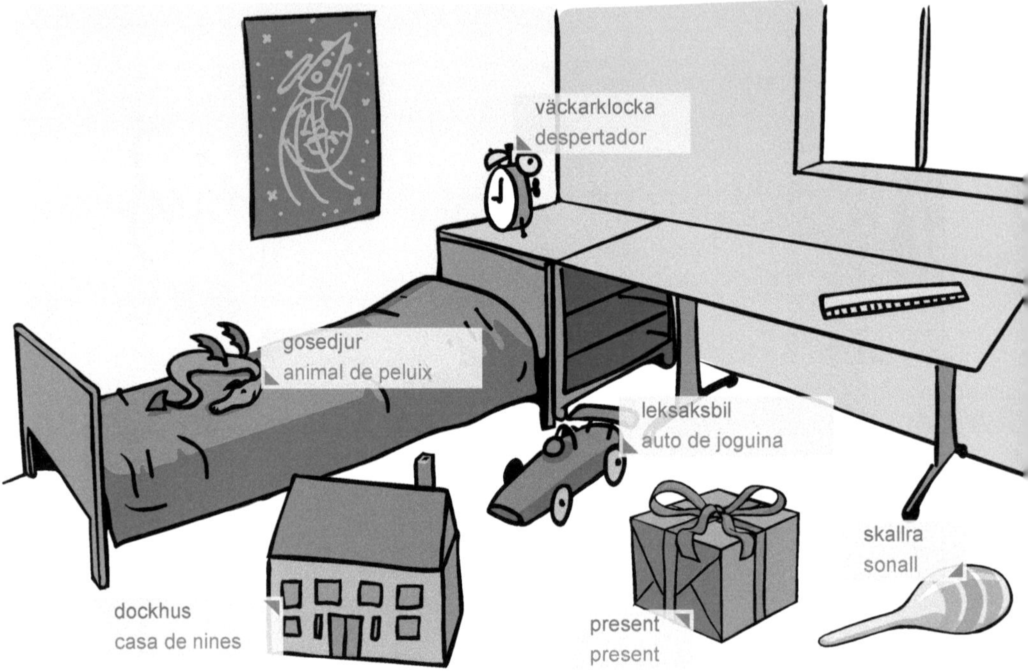

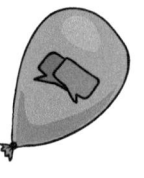

ballong
baló

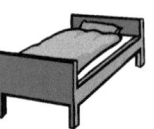

säng
llit

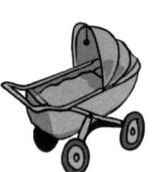

barnvagn
cotxet per a nens

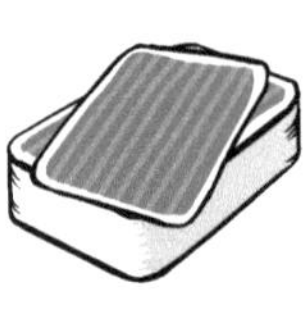

kortlek
joc de cartes

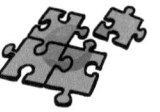

pussel
trencaclosca

serietidning
historieta

legobitar

peces de lego

klossar

peces de construcció

actionfigur

ninot d'acció

sparkdräkt

granota

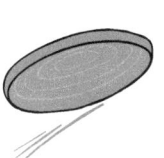

frisbee

frisbee

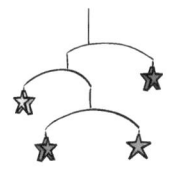

mobil

mòbil per a bressol

brädspel

joc de taula

tärning

daus

modelljärnväg

tren elèctric

napp

xumet

party

festa

bilderbok

llibre de dibuixos

boll

pilota

docka

nina

spela

jugar

sandlåda

sorrera

gunga

gronxador

leksaker

joguines

spelkonsol

consola de jocs de vídeo

trehjuling

tricicle

nalle

osset de peluix

garderob

armari

kläder

roba

sockar

mitjons

strumpor

mitges

tights

mitja pantaló

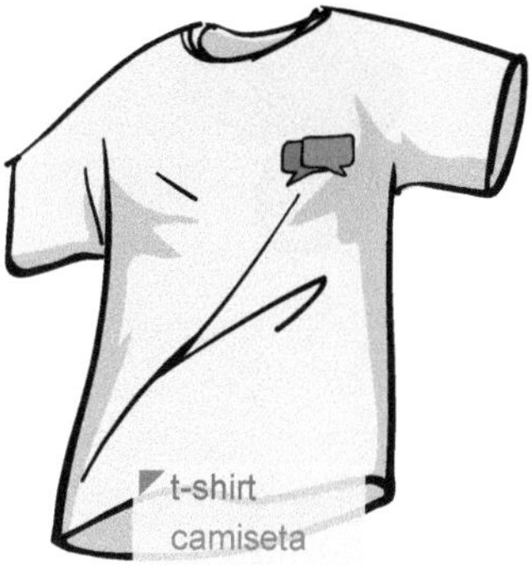

halsduk
tapacoll

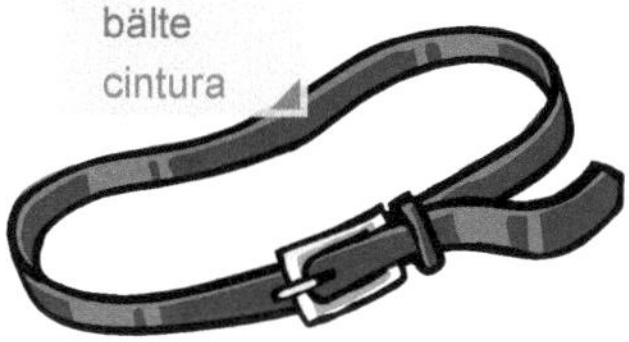

paraply
paraigua

t-shirt
camiseta

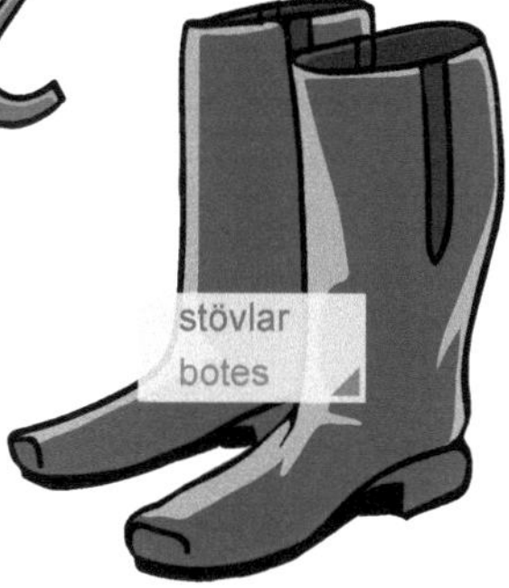

bälte
cintura

stövlar
botes

tofflor
plantofes

sneakers
sabates d'esport

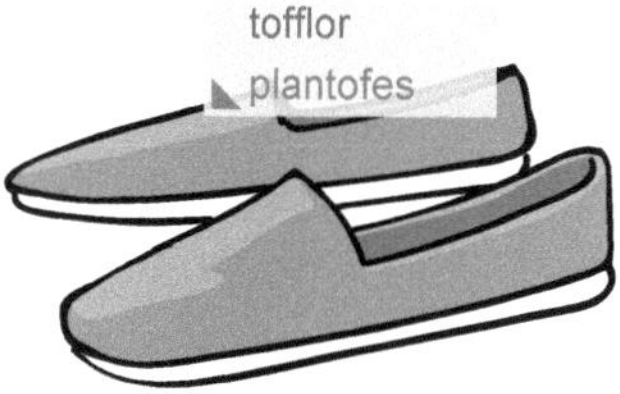

sandaler
sandàlies

skor
sabates

gummistövlar
botes de goma

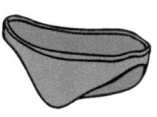
underbyxor
calçonets

BH
sostenidor

linne
guardapits

body

jjustacòs

byxor

pantalons

jeans

jeans

kjol

faldeta

blus

brusa

skjorta

camisa

pullover

jersei

sweater

dessuadora

blazer

blazer

jacka

jaqueta

kappa

mantell

regnjacka

impermeable

dräkt

vestit de dona

klänning

vestit de dona

bröllopsklänning

vestit de núvia

kostym

vestit d'home

nattlinne

camisa de dormir

pyjamas

pijama

sari

sari

slöja

mocador de cap

turban

turbant

burka

burca

kaftan

caftan

abaya

abaia

baddräkt

vestit de bany

badbyxor

calçon(et)s de bany

shorts

pantalons curts

träningsoverall

xandall

förkläde

davantal

handskar

guants

knapp

botó

glasögon

ulleres

armband

braçalet

halsband

collaret

ring

anell

örhänge

orellera

mössa

casquet

galge

penjador

hatt

capell

slips

corbata

dragkedja

cremallera

hjälm

casc

hängslen

elàstics

skoluniform

uniforme escolar

uniform

uniforme

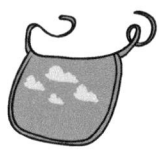

haklapp

pitet

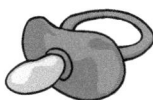

napp

xumet

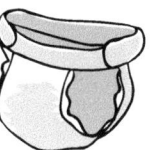

blöja

bolquer

kontor
oficina

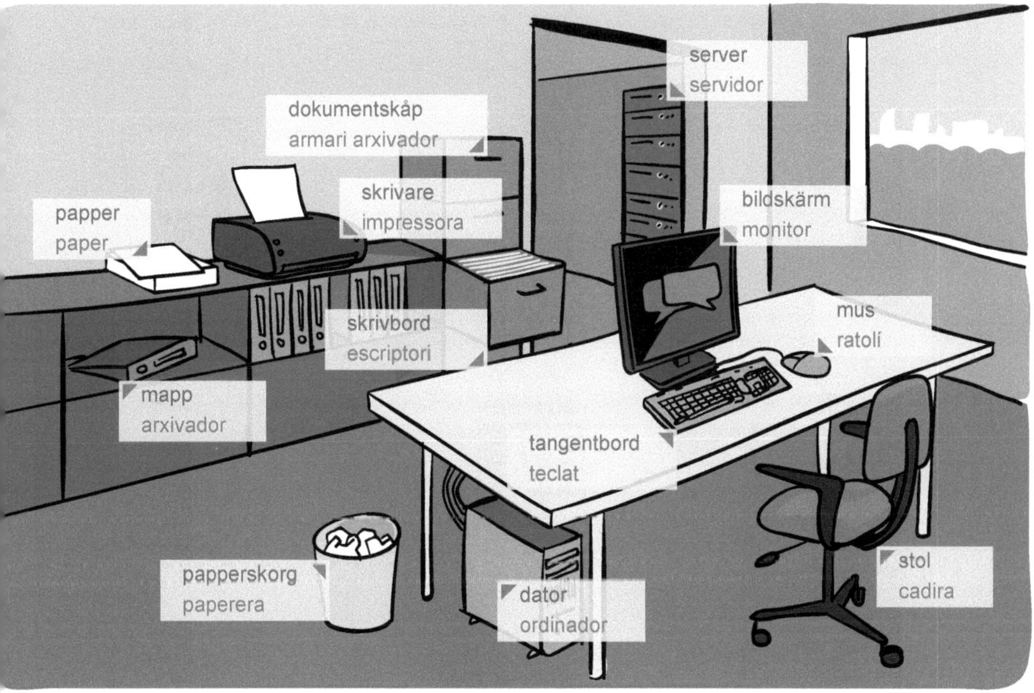
server
servidor
dokumentskåp
armari arxivador
skrivare
impressora
papper
paper
bildskärm
monitor
mus
ratolí
skrivbord
escriptori
mapp
arxivador
tangentbord
teclat
papperskorg
paperera
dator
ordinador
stol
cadira

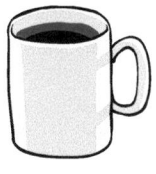

kaffemugg

tassa de cafè

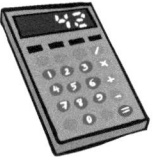

miniräknare

calculadora

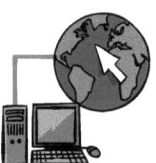

internet

Internet

bärbar dator

ordinador portàtil

brev

lletra

meddelande

missatge

mobiltelefon

mòbil

nätverk

xarxa

kopieringsapparat

fotocopiadora

programvara

programari

telefon

telèfon

vägguttag

presa de corrent

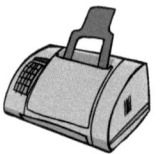

fax

fax

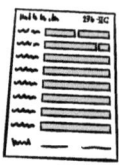

blankett

formulari

dokument

document

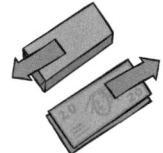

köpa

comprar

betala

pagar

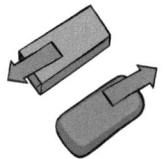

handla

comerciar

pengar

diners

dollar

dòlar

euro

euro

yen

ien

rubel

ruble

schweizisk franc

franc suís

renminbi yan

renminbi

rupie

rupia

bankomat

caixa automàtica

växelkontor

oficina de canvi

guld

or

silver

argent

olja

petroli

energi

energia

pris

preu

kontrakt

contracte

skatt

impost

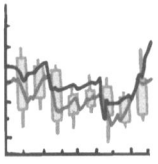

aktie

acció

arbeta

treballar

anställd

treballador

arbetsgivare

empresari

fabrik

fàbrica

affär

botiga

yrken
oficis

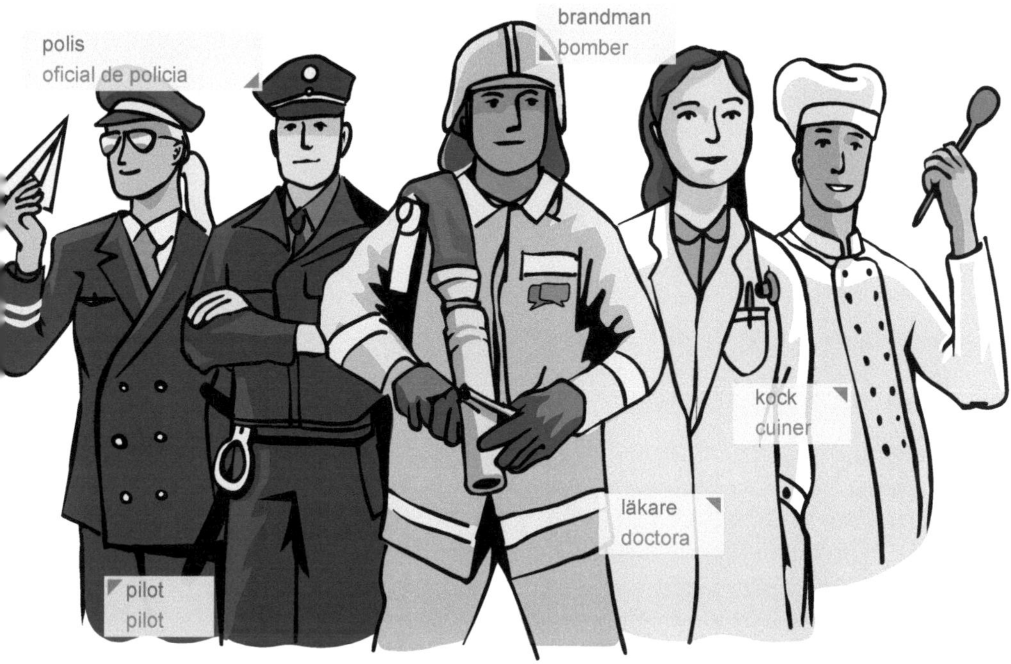
polis
oficial de policia
brandman
bomber
kock
cuiner
läkare
doctora
pilot
pilot

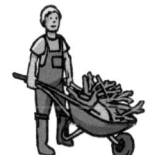

trädgårdsmästare
jardiner

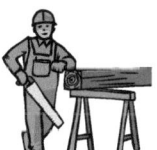

snickare
fuster

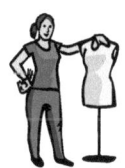

sömmerska
costurera

domare
jutge

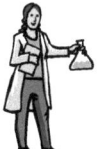

kemist
química

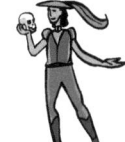

skådespelare
actor

busschaufför

conductor d'autobús

taxichaufför

taxista

fiskare

pescador

städerska

dona de la neteja

takläggare

ensostrador

servitör

cambrer

jägare

caçador

målare

pintor

bagare

forner

elektriker

electricista

byggarbetare

obrer de la construcció

ingenjör

enginyer

slaktare

carnisser

rörmokare

llanterner

brevbärare

correu

soldat

soldat

arkitekt

arquitecte

kassör

caixera

florist

florista

frisör

perruquer

konduktör

revisor

mekaniker

mecànic

kapten

capità

tandläkare

dentista

vetenskapsman

científic

rabbin

rabí

imam

imam

munk

monjo

präst

capellà

verktyg
eines

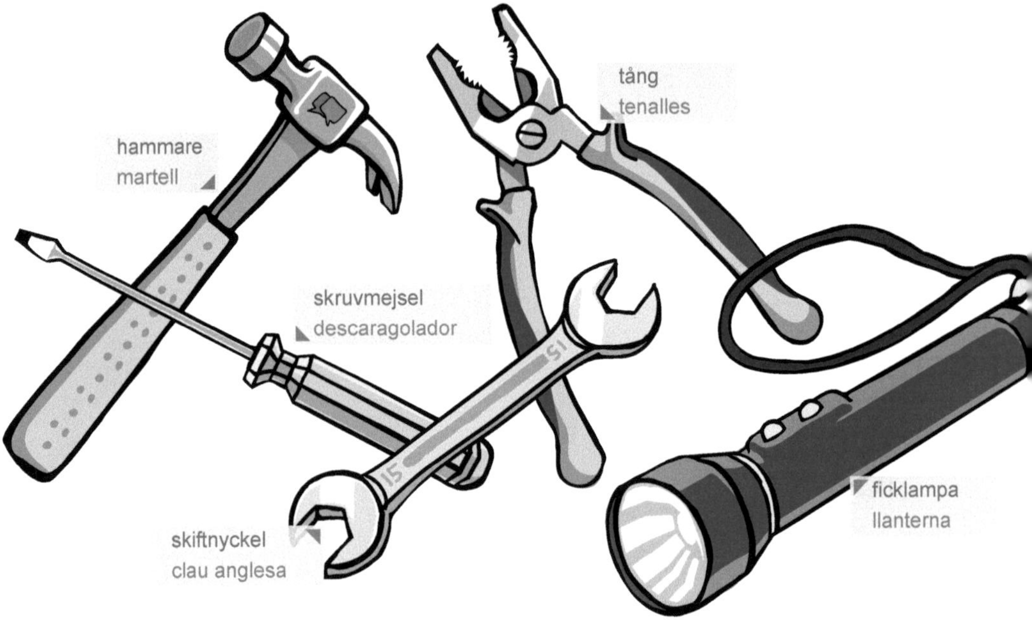

hammare
martell
tång
tenalles
skruvmejsel
descaragolador
skiftnyckel
clau anglesa
ficklampa
llanterna

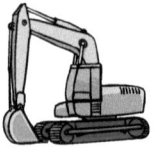

grävmaskin

excavadora

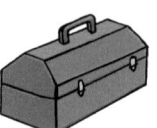

verktygslåda

caixa d'eines

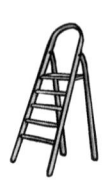

stege

escala

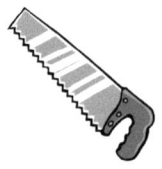

såg

serra

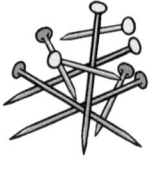

spik

claus

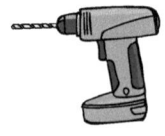

borr

trepant

reparera

reparar

spade

pala

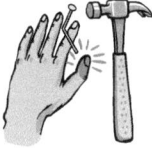

Helvete!

Maleït siga!

sopskyffel

pala

färgburk

pot de pintura

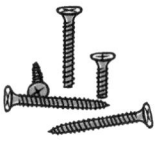

skruvar

caragols

musikinstrument
instrument de música

högtalare
altaveu

trummor
bateria

gitarr
guitarra

kontrabas
contrabaix

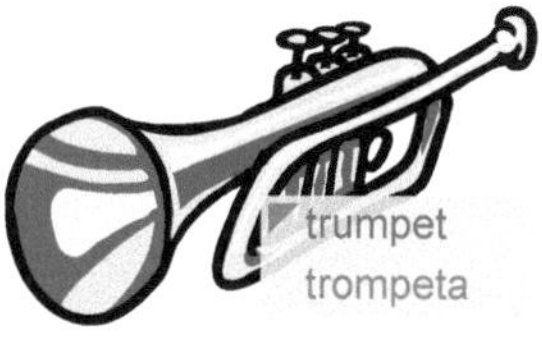

trumpet
trompeta

piano

piano

violin

violí

bas

baix

timpani

timbal

trumma

tambor

keyboard

teclat

saxofon

saxofon

flöjt

flauta

mikrofon

micròfon

ZOO

ZOO

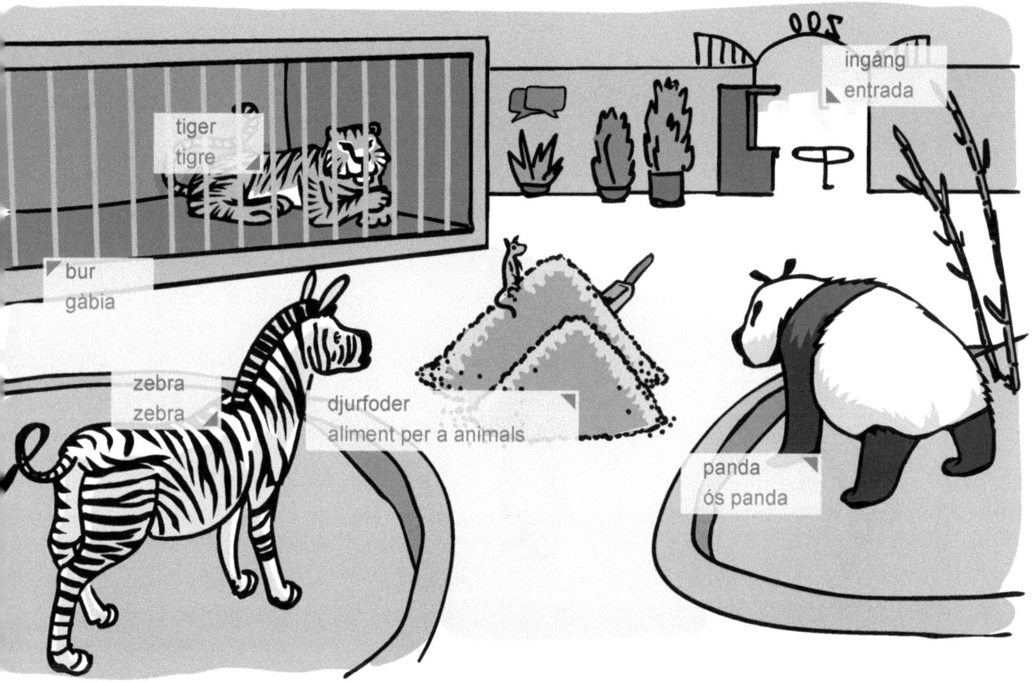

tiger
tigre
ingång
entrada
bur
gàbia
zebra
zebra
djurfoder
aliment per a animals
panda
ós panda

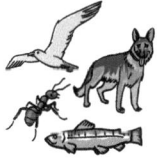

djur

animals

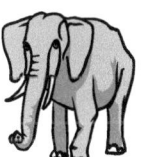

elefant

elefant

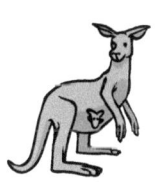

känguru

cangurú

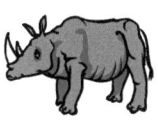

noshörning

rinoceront

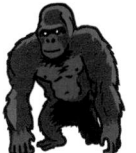

gorilla

goril·la

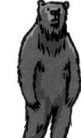

björn

ós

kamel

camell

struts

estruç

lejon

lleó

apa

simi

flamingo

flamenc

papegoja

papagai

isbjörn

ós polar

pingvin

pingüí

haj

ca mari

påfågel

paó

orm

serp

krokodil

cocodril

djurskötare

guardià del zoo

säl

foca

jaguar

jaguar

ponny
poni

leopard
lleopard

flodhäst
hipopòtam

giraff
girafa

örn
àliga

vildsvin
senglar

fisk
peix

sköldpadda
tortuga

valross
morsa

räv
guineu

gazell
gasela

amerikansk fotboll
futbol americà

cykling
ciclisme

tennis
tenis

basket
bàsquet

simning
natació

boxning
boxa

ishockey
hoquei sobre gel

fotboll
futbol americà

badminton
bàdminton

friidrott
atletisme

handboll
handbol

skidåkning
esquí

polo
polo

hoppa
saltar

skratta
riure

krama
abraçar

gå
anar

sjunga
cantar

drömma
somiar

be
pregar

kyssa
fer un petó

skriva
escriure

rita
dibuixar

visa
mostrar

skjuta
pitjar

ge
donar

ta
prendre

hagel

tenir

göra

fer

vara

ésser

stå

estar dret

springa

córrer

dra

estirar

kasta

llançar

falla

caure

ligga

jeure

vänta

esperar

bära

portar

sitta

asseure's

klä på

vestir-se

sova

dormir

vakna

despertar-se

se på

mirar

gråta

plorar

smeka

amoixar

kamma

pentinar

prata

parlar

förstå

comprendre

fråga

demanar

höra

escoltar

dricka

beure

äta

menjar

städa

endreçar

älska

estimar

laga mat

cuinar

köra

conduir

flyga

volar

segla

navegar

räkna

calcular

läsa

llegir

lära sig

aprendre

arbeta

treballar

gifta sig

casar-se

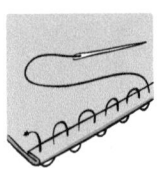

sy

cosir

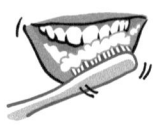

borsta tänderna

raspallar-se les dents

döda

matar

röka

fumar

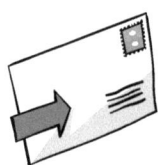

skicka

enviar

familj
família

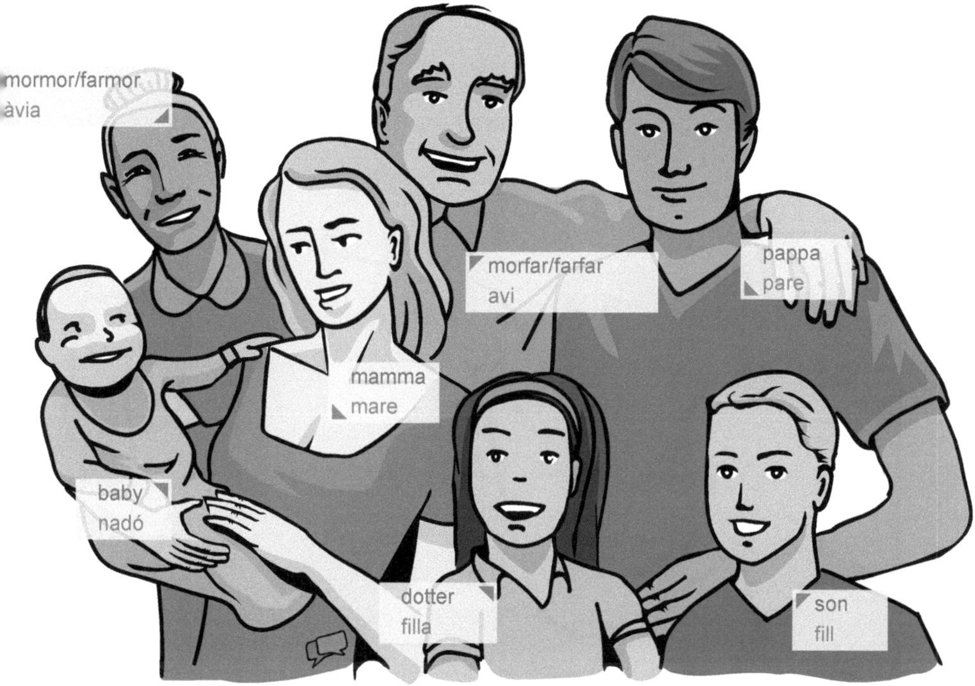

mormor/farmor
àvia
morfar/farfar
avi
pappa
pare
mamma
mare
baby
nadó
dotter
filla
son
fill

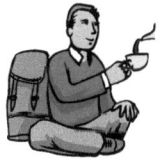

gäst
convidat

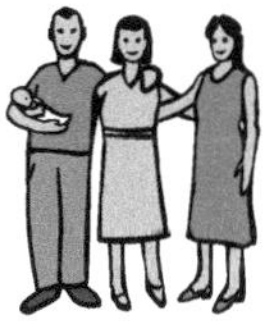

moster/faster
tia

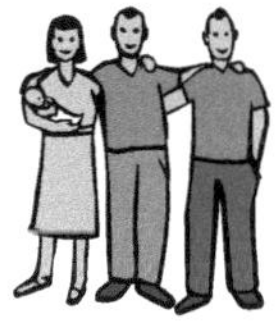

farbror/morbror
oncle

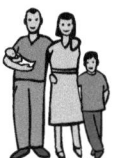

bror
germà

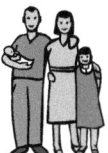

syster
germana

kropp

cos

panna
front
öga
ull
skuldra
espatlla
finger
dit
ansikte
cara
haka
barbeta
hand
mà
ben
cama
bröst
pit
arm
braç

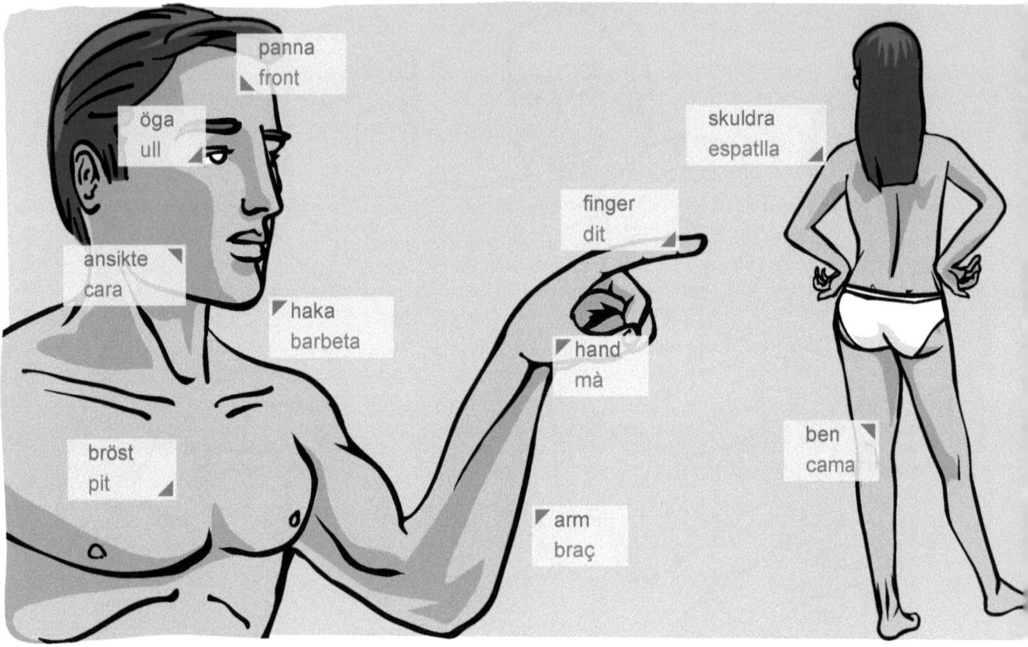

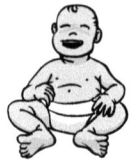

baby
nadó

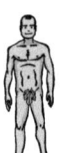

man
home

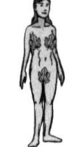

kvinna
dona

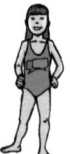

flicka
noia

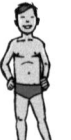

pojke
noi

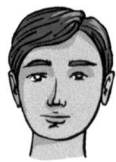

huvud
cap

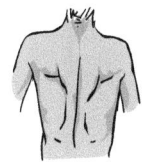

rygg
esquena

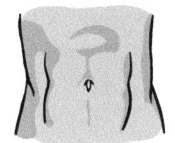

mage
panxa

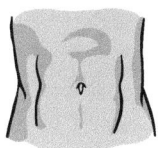

navel
melic

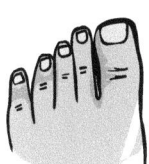

tå
dit gros del peu

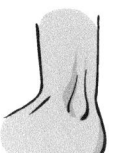

häl
taló

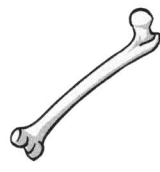

ben
os

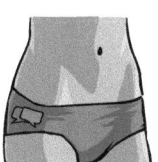

höft
maluc

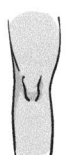

knä
genoll

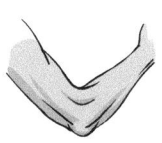

armbåge
colze

näsa
nas

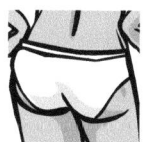

stjärt
cul

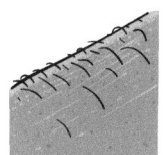

hud
pell

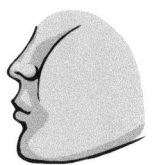

kind
galta

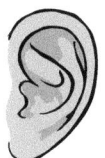

öra
orella

läpp
llavi

mun

boca

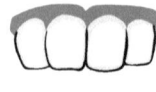

tand

dent

tunga

llengua

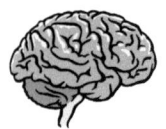

hjärna

cervell

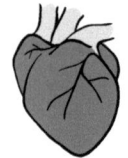

hjärta

cor

muskel

múscul

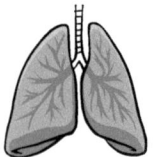

lunga

pulmó

lever

fetge

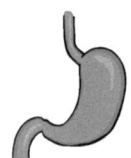

magsäck

estómac

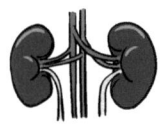

njurar

ronyó

sex

relació sexual

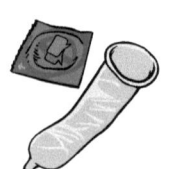

kondom

preservatiu

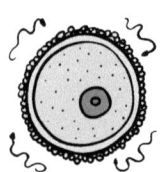

äggcell

ovari

sperma

semen

graviditet

prenyat

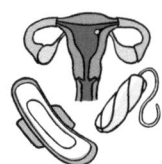

menstruation

menstruació

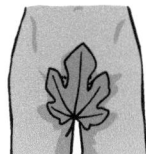

vagina

vagina

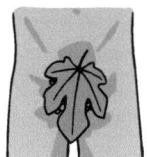

penis

penis

ögonbryn

cella

hår

cabells

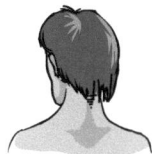

nacke

coll

sjukhus
hospital

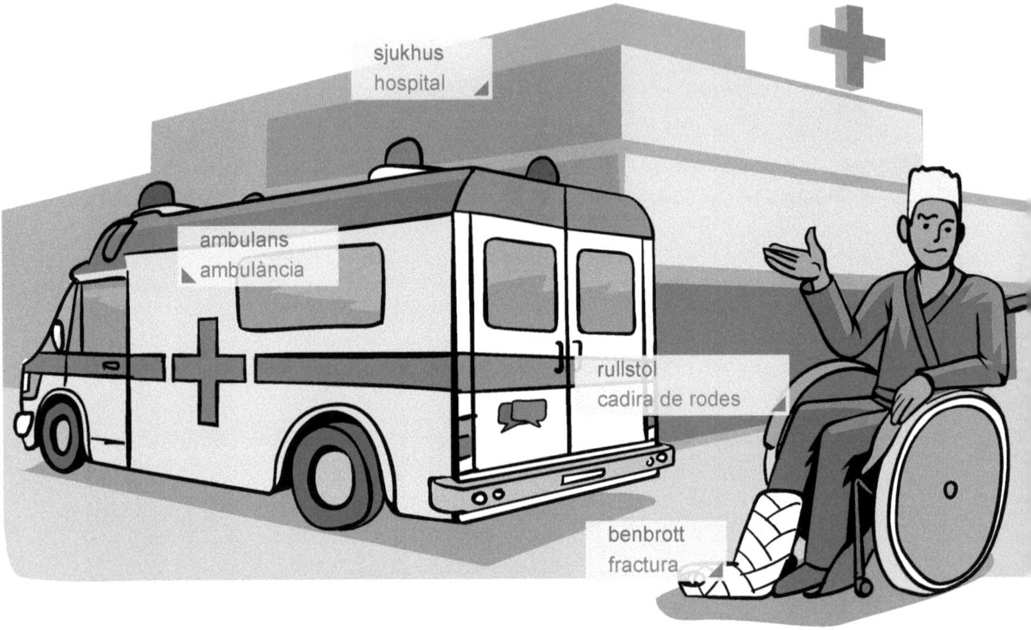

sjukhus
hospital
ambulans
ambulància
rullstol
cadira de rodes
benbrott
fractura

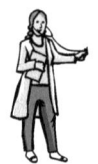

läkare

doctora

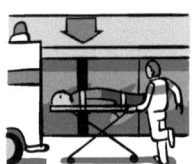

akutmottagning

sala d'urgències

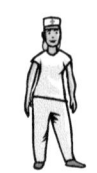

sjuksköterska

infermera

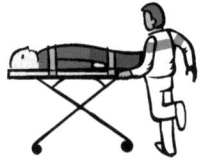

nödsituation

urgència

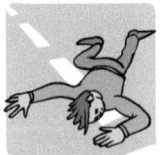

medvetslös

inconscient

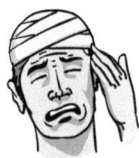

smärta

dolor

skada

ferida

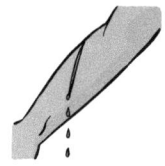

blödning

sagnament

hjärtattack

atac de cor

slaganfall

apoplexia

allergi

al·lèrgia

hosta

tos

feber

febre

influensa

gripa

diarré

diarrea

huvudvärk

mal de cap

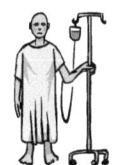

cancer

càncer

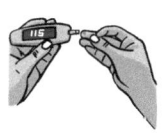

diabetes

diabetis

kirurg

cirurgià

skalpell

escalpel

operation

operació

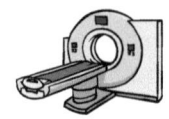

CT
tomografia computada (TC), TAC

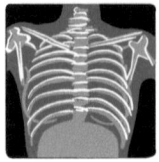

röntgen
raigs x

ultraljud
ultrasò

ansiktsmask
mascareta

sjukdom
malaltia

väntsal
sala d'espera

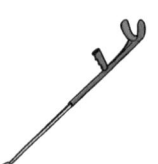

krycka
crossa

plåster
tireta

bandage
embenat

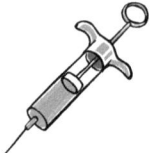

injektion
injecció

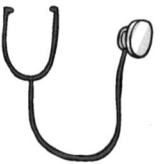

stetoskop
estetoscopi

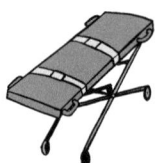

bår
llitera

termometer
termòmetre clínic

födsel
pariment

övervikt
sobrepès

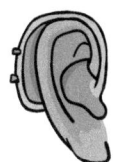

hörapparat

aparell auditiu

desinfektionsmedel

desinfectant

infektion

infecció

virus

virus

HIV / AIDS

VIH / SIDA

medicin

medicina

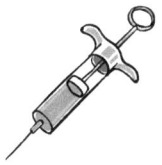

vaccination

vaccí

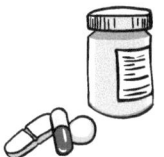

tabletter

comprimits

p-piller

píl·lola

nödsamtal

trucada d'urgència

blodtrycksmätare

tensiòmetre

sjuk / frisk

malalt / sà

Hjälp!

Socors!

alarm

alarma

överfall

assalt

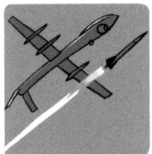

misshandel

atac

fara

perill

nödutgång

sortida-eixida d'urgència

Det brinner!

Foc!

brandsläckare

extintor

olycka

accident

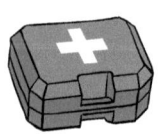

förbandslåda

farmaciola de primers auxilis

SOS

SOS

polis

policia

Europa

Europa

Nordamerika

Amèrica del Nord

Sydamerika

Amèrica del Sud

Afrika

Àfrica

Asien

Àsia

Australien

Austràlia

Atlanten

Atlàntic

Stilla Havet

Pacífic

Indiska Oceanen

Oceà Índic

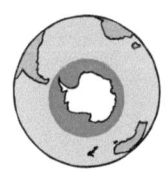

Antarktiska Oceanen

Oceà Antàrtic

Arktiska Oceanen

Oceà Àrtic

Nordpol

pol nord

Sydpol

pol sud

Antarktis

Antàrtida

Jorden

terra

land

país

hav

mar

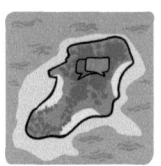

ö

illa

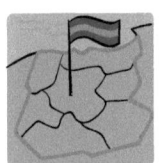

nation

nació

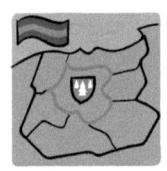

stat

estat

urtavla

quadrant

timvisare

agulla de les hores

minutvisare

agulla dels minuts

sekundvisare

agulla dels segons

Vad är klockan?

Quina hora és?

dag

dia

tid

temps

nu

ara

digital klocka

rellotge digital

minut

minut

timme

hora

vecka
setmana

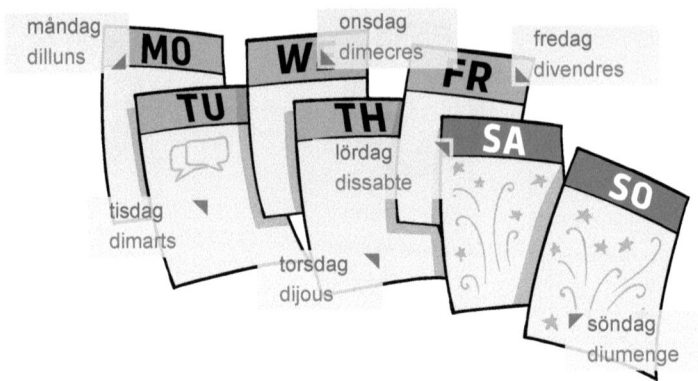

måndag
dilluns
MO

onsdag
dimecres
W

fredag
divendres
FR

TU

TH

tisdag
dimarts

lördag
dissabte

SA

torsdag
dijous

SO

söndag
diumenge

igår
....
ahir

idag
....
avui

imorgon
....
demà

morgon
....
matí

middag
....
migdia

kväll
....
tarda

vardagar
....
dia feiner

helg
....
cap de setmana

regn
pluja

regnbåge
arc de Sant Martí

snö
neu

vind
vent

vår
primavera

höst
tardor

sommar
estiu

vinter
hivern

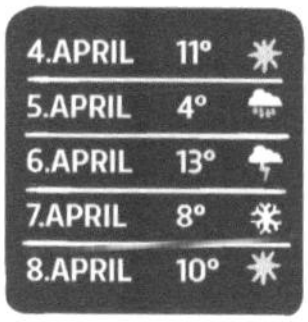

4.APRIL	11°	☀
5.APRIL	4°	☁
6.APRIL	13°	☂
7.APRIL	8°	❄
8.APRIL	10°	☀

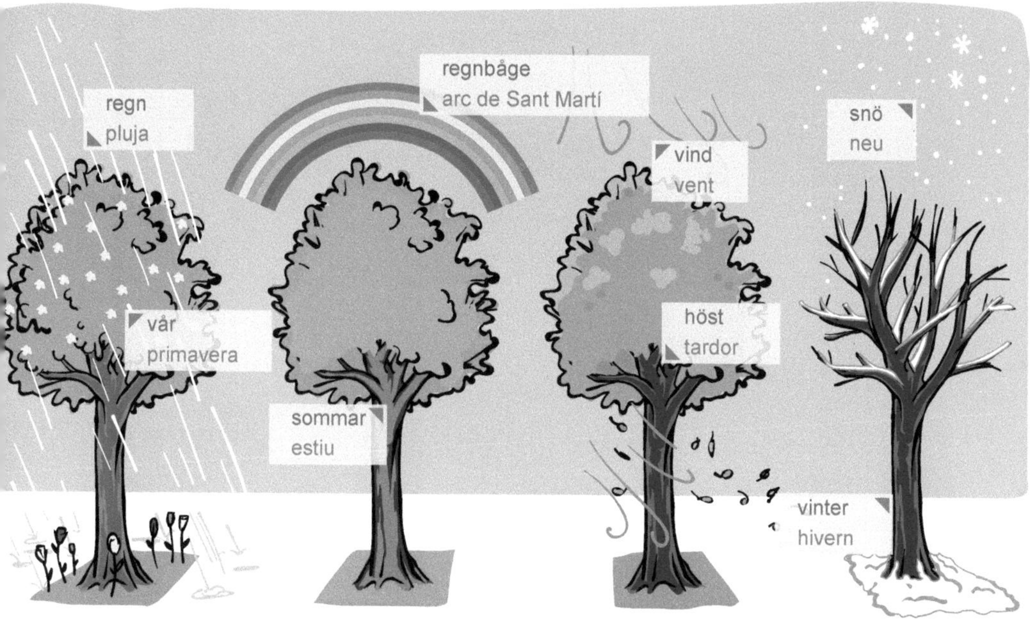

väderprognos

pronòstic del temps

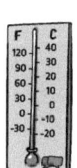

termometer

termòmetre

solsken

llum del sol

moln

núvol

dimma

boira

luftfuktighet

humiditat de l'aire

blixt

llamp

åska

tro

storm

tempesta

hagel

calamarsa

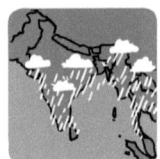

monsun

monsó

översvämning

inundació

is

gel

januari

gener

februari

febrer

mars

març

april

abril

maj

maig

juni

juny

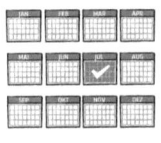

juli

juliol

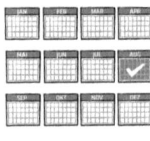

augusti

agost

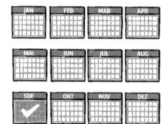

september
....
setembre

oktober
....
octubre

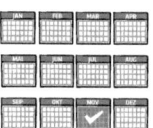

november
....
novembre

december
....
desembre

former

formes

cirkel
....
cercle

kvadrat
....
quadrat

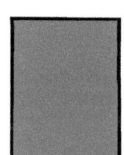

rektangel
....
rectangle

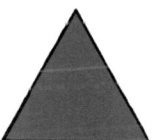

triangel
....
triangle

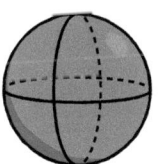

sfär
....
esfera

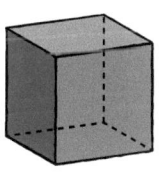

kub
....
cub

färger
colors

vit
....
blanc

gul
....
groc

orange
....
taronja

rosa
....
rosa

röd
....
vermell

lila
....
lila

blå
....
blau

grön
....
verd

brun
....
marró

grå
....
gris

svart
....
negre

mycket / lite

molt / poc

arg / lugn

emprenyat / tranquil

vacker / ful

bonic / lleig

början / slut

començament / fi

stor / liten

gran / petit

ljus / mörk

clar / fosc

bror / syster

germà / germana

ren / smutsig

net / brut

komplett / ofullständig

complet / incomplet

dag / natt

dia / nit

död / levande

mort / viu

bred / smal

ample / estret

ätlig / oätlig

comestible / immenjable

ond / god

dolent / amable

upphetsad / uttråkad

entusiasmat / entediat

tjock / smal

gros / prim

först / sist

primer / darrer

vän / fiende

amic / enemic

full / tom

ple / buit

hård / mjuk

dur / tou

tung / lätt

pesant / lleuger

hunger / törst

gana / set

sjuk / frisk

malalt / så

olaglig / laglig

il·legal / legal

intelligent / dum

intel·ligent / ximple

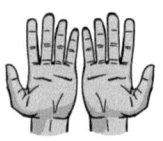

vänster / höger

esquerra / dreta

nära / långt bort

prop / llunyà

ny / begagnad
nou / usat

inget / något
res / quelcom

gammal / ung
vell / jove

på / av
encès / apagat

öppen / stängd
obert / tancat

tyst / högljudd
silenciós / sorollós

rik / fattig
ric / pobre

rätt / fel
correcte / incorrecte

grov / slät
aspre / suau

ledsen / glad
trist / content

kort / lång
curt / llarg

långsam / snabb
lent / ràpid

våt / torr
humit / sec - eixut

varm / sval
calent / fred

krig / fred
guerra / pau

nombres

0

noll

zero

1

ett

u

2

två

dos

3

tre

tres

4

fyra

quatre

5

fem

cinc

6

sex

sis

7

sju

set

8

åtta

vuit

9

nio

nou

10

tio

deu

11

elva

onze

12
tolv

dotze

13
tretton

tretze

14
fjorton

catorze

15
femton

quinze

16
sexton

setze

17
sjutton

disset

18
arton

divuit

19
nitton

dinou

20
tjugo

vint

100
hundra

cent

1.000
tusen

mil

1.000.000
miljon

milió

engelska

anglès

amerikansk engelska

anglès americà

kinesisk mandarin

xinès mandarí

hindi

hindi

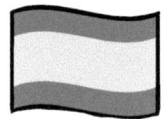

spanska

espanyol

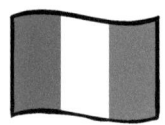

franska

francès

arabiska

àrab

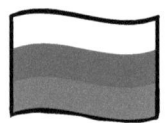

ryska

rus

portugisiska

portuguès

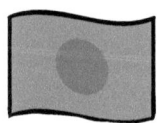

bengali

bengalí

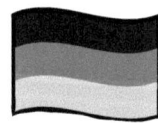

tyska

alemany

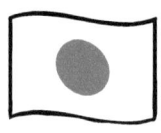

japanska

japonès

jag

jo

du

tu

han / hon / den (det)

ell / ella / allò

vi

nosaltres

ni

vosaltres

de

ells

vem?

qui?

vad?

què?

hur?

com?

var?

on?

när?

quan?

namn

nom

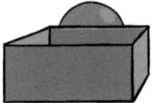

bakom

darrere

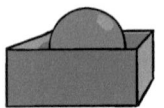

i

en

framför

davant de

över

damunt

på

sobre

under

sota

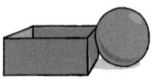

bredvid

al costat

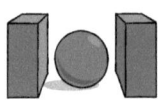

mellan

entre

plats

lloc